Pathfinder est né avec la révolution d'octobre

Mary-Alice Waters

PATHFINDER
NEW YORK LONDON MONTREAL SYDNEY

ISBN 978-0-87348-931-7
Numéro de contrôle de la Bibliothèque du Congrès /
Library of Congress Control Number 2009930907

Imprimé aux États-Unis / Printed in United States of America

Première édition : 2001
Quatrième tirage : 2018

CONCEPTION GRAPHIQUE DE LA COUVERTURE : Eric Simpson

ILLUSTRATION DE LA COUVERTURE : Patrick Heron, *Rumbold Vertical I: Emerald in Reds:* February 1970. © 2000 Artists Rights Society (ARS), New York / DACS, Londres

PATHFINDER
www.pathfinderpress.com
Courrier électronique : pathfinder@pathfinderpress.com

Pathfinder est né avec la révolution d'octobre

MARY-ALICE WATERS

AVANT TOUT, je voudrais remercier Casa Editora Abríl qui a pris l'initiative d'organiser cette conférence dans le cadre des événements entourant le huitième Salon du livre international qui s'ouvre demain ici, à La Havane. Cette rencontre nous donne à tous une opportunité rare de partager nos expériences et de discuter comment faire un travail plus efficace pour atteindre les objectifs que nous avons en commun.

Les éditions Pathfinder sont nées avec la révolution d'octobre. En tant que maison d'édition, notre ligne de continuité directe remonte à la première publication aux États-Unis de

Une conférence sur l'Édition politique et sociale dans les années 90 s'est tenue les 2-3 février 1998 à La Havane à Cuba, sous les auspices de Casa Editora Abríl, la maison d'édition de l'Union des jeunes communistes (UJC). Présidente des éditions Pathfinder et membre du Comité national du Parti socialiste des travailleurs aux États-Unis, Mary-Alice Waters a été l'une des conférenciers à y prendre la parole. Cet article a été publié pour la première fois dans l'édition du 16 février 1998 du journal *The Militant*.

discours et d'écrits de Lénine à la veille des révolutions de 1917 en Russie. C'est à ce moment que des revues comme *International Socialist Review,* produite aux États-Unis par des militants de l'aile gauche du Parti socialiste, ont commencé à publier des articles du dirigeant bolchevique.

Ses origines remontent à 1919

Après l'insurrection victorieuse d'octobre 1917 effectuée par les travailleurs, les paysans et les soldats de l'empire tsariste et qui a ouvert la voie à la première révolution socialiste, les travailleurs animés d'un esprit révolutionnaire dans le monde ont cherché à comprendre et à suivre l'exemple des premiers travailleurs-bolcheviks. En 1919, un regroupement de socialistes de gauche, de membres des Travailleurs industriels du monde (IWW) et d'autres militants s'était formé aux États-Unis afin de fonder quelque chose de vraiment nouveau : le mouvement communiste en Amérique du Nord, dont le but explicite était d'imiter les bolcheviks. Par le biais de canaux nombreux et variés, ils ont commencé à publier les périodiques, les brochures et les livres qui pour la première fois au vingtième siècle ont apporté à la classe ouvrière dans notre hémisphère une perspective communiste s'appuyant sur la première expérience où les travailleurs et les paysans ont pris le pouvoir, l'ont défendu et s'en sont servis au niveau international.

Je commence avec ceci parce que c'est la façon la plus claire pour moi d'expliquer ce qui guide la politique éditoriale de Pathfinder jusqu'à ce jour. Pendant plus de 80 ans, Pathfinder et ses divers prédécesseurs (de Merit et Pioneer en remontant jusqu'au Département de littérature du Parti des travailleurs d'Amérique) n'ont eu qu'un seul objectif : publier et distribuer aussi largement que possible les livres, les brochures et les revues qui sont nécessaires pour faire progresser la construction d'un parti communiste aux États-Unis — un objectif inséparable de la construction d'un mouvement communiste à l'échelle internationale.

De 1917 à nos jours, nous avons cherché à défendre un cours fidèle à la direction de Lénine dans la révolution russe et durant les premières années de l'Internationale communiste. La trajectoire politique de Lénine était l'opposé du cours qu'on a fini par identifier par la suite avec le Parti communiste de l'Union soviétique sous la direction de Staline — et dont les conséquences se manifestent dans les événements colossaux des dernières années qui continuent de se dérouler à travers l'Europe centrale, les Balkans et les anciennes républiques soviétiques. Les éditions Pathfinder ont toujours donné la priorité à l'impression d'ouvrages créés par des révolutionnaires qui exprimaient par leurs paroles et leurs actions la trajectoire internationaliste et prolétarienne de Lénine.

Nous partons du monde et des faits qui se déroulent devant nous — des défis les plus importants de la lutte de classe mondiale. Et en réfléchissant à comment renforcer l'avant-garde combattante de la classe ouvrière, afin qu'elle soit mieux armée pour comprendre le monde dans lequel nous vivons, pour comprendre l'histoire du mouvement prolétarien moderne, pour devenir plus consciente de sa force et de ses responsabilités historiques, et pour tracer une ligne de marche vers la prise du pouvoir et ouvrir ainsi la voie à la construction du socialisme.

Le communisme : un mouvement, pas une doctrine

Nous avons toujours souscrit à la réponse célèbre de Friedrich Engels à Karl Heinzen, écrite en 1847 quelques mois avant que Karl Marx et Engels rédigent le document fondateur du mouvement ouvrier moderne, le *Manifeste du parti communiste.* « Le communisme n'est pas une doctrine, y a écrit Engels, mais un mouvement. Il ne part pas de principes, mais des faits. Dans la mesure où il s'agit d'une théorie, [il] est l'expression théorique de la position du prolétariat » dans sa lutte contre la bourgeoisie et le « résumé théorique des conditions de la libération du prolétariat » et de ses alliés de l'exploitation et de l'oppression.

Pour montrer l'actualité de ce point pour nous aujourd'hui, je veux utiliser l'exemple d'un des livres les plus importants publiés par Pathfinder au cours des huit dernières années. Il s'intitule *U.S. Hands Off the Mideast! Cuba Speaks Out at the United Nations* [USA, ne touchez pas au Moyen-Orient ! Cuba parle aux Nations unies]. Il a été publié en anglais et en espagnol en octobre 1990, alors que Washington se préparait à lancer l'attaque brutale et massive contre l'Irak qui a commencé en janvier 1991. Ricardo Alarcón qui était alors l'ambassadeur de Cuba aux Nations unies a utilisé le siège occupé par hasard par Cuba au Conseil de sécurité pour faire entendre la seule voix qui ait dénoncé clairement et sans compromis la guerre impérialiste qui se préparait sous l'étendard des Nations unies, en utilisant l'arène de la diplomatie internationale.

En quelques jours (littéralement), Pathfinder a publié un petit livre contenant chacun des discours adressés au monde par Alarcón, ainsi que le principal discours de Fidel condamnant l'agression de Washington. Lorsque cette première édition a été totalement vendue en quelques semaines, nous en avons imprimé une deuxième, augmentée, afin que les communistes et les combattants anti-impérialistes autour du monde puissent l'utiliser pour faire campagne contre la guerre que la revue *New International* appelle avec justesse « les premières salves de la troisième guerre mondiale. »

Dans une brève période de six mois, Pathfinder a vendu 10 000 exemplaires de ce livre en anglais et 1 500 en espagnol.

Aujourd'hui, alors que Washington accélère de nouveau ses préparatifs pour une attaque meurtrière — et lâche — contre le peuple d'Irak, ce titre des éditions Pathfinder prend une nouvelle importance [1]. Conformément à notre politique, nous n'avons pas laissé ce livre s'épuiser, ce qui signifie que nos armes sont prêtes. Tandis que nous sommes réunis ici, les adversaires du cours de Washington à travers le monde l'utilisent encore une fois.

Il y a 30 ans, Pathfinder a publié un autre livre d'une manière semblable : *Che Guevara Speaks* [Che Guevara parle]. En décembre 1967, quelques semaines à peine après la mort au combat d'Ernesto Che Guevara, alors que la nouvelle de son assassinat brutal par les forces de la dictature militaire de Bolivie entraînées par la CIA et les implications de cet événement résonnaient toujours comme un tambour à

1. En février 1998, Washington et ses alliés impérialistes menaçaient de déclencher des attaques aériennes d'envergure contre l'Irak sous prétexte que Bagdad refusait d'accorder à des « inspecteurs en armement » un accès illimité aux sites qu'ils exigeaient de visiter, en violation continue de la souveraineté du pays. En décembre 1998, ces menaces ont culminé dans quatre jours de frappes aériennes meurtrières à travers l'Irak, effectuées par des forces des États-Unis et du Royaume-Uni. Entre le début de 1997 et novembre 2000, ces forces ont effectué quelque 16 000 sorties et largué plus de 1 000 bombes et missiles contre plus de 250 cibles dans le nord de l'Irak. Selon des estimations irakiennes, plus de 300 personnes, la plupart des civils, ont été tuées dans ces raids.

travers le monde, Pathfinder a publié la première édition de ce recueil de discours et d'écrits. Depuis ce jour, nous n'avons pas laissé le livre s'épuiser.

Brièvement, je voudrais énumérer quelques-uns des faits et quelques-unes des politiques qui guident nos efforts de publication. J'espère que ceux-ci susciteront un peu de discussion et de commentaires.

1. Pathfinder n'est ni formellement ni légalement la maison d'édition d'un parti politique (la maison d'édition possède sa propre structure corporative et ses propres lignes de prise de décisions). En même temps, depuis le début, les écrivains, les rédacteurs, les directeurs et le personnel de production ont tous été des cadres communistes actifs aux États-Unis (communistes avec un « c » minuscule), expérimentés dans le mouvement ouvrier. Pathfinder est la maison d'édition qui a toujours gardé en impression les principaux documents, résolutions et discours des dirigeants du Parti socialiste des travailleurs. Du point de vue de la perspective historique, il s'agit de l'une de ses réalisations les plus importantes et irremplaçables. Sans cela, les documents qui reflètent et guident le travail pratique des communistes aux États-Unis qui sont des travailleurs, des étudiants et leurs alliés ne seraient nulle part disponibles.

Le visage changeant de la politique aux États-Unis : la politique ouvrière et les syndicats du secrétaire national du Parti socialiste des travailleurs, Jack Barnes, est l'exemple récent le plus important de ce noyau essentiel de notre travail éditorial. Pathfinder vient d'en publier une nouvelle édition en trois langues — anglais, espagnol et français.

Produits dans le feu de la lutte politique

2. Ainsi qu'il est toujours arrivé dans l'histoire du mouvement ouvrier, les meilleurs documents que nous publions sont produits presque sans exception par des révolutionnaires dans le feu de la lutte politique — pas des analyses abstraites ou des études lointaines, mais des brochures et des livres écrits par ceux qui répondent aux besoins du jour.

Un des meilleurs exemples en est un livre écrit dans la clandestinité contre les nazis durant la deuxième guerre mondiale par un jeune Belge qui était juif. Peut-être la meilleure étude matérialiste historique jamais écrite sur cette question, *La conception matérialiste de la question juive* d'Abraham Léon a été mise sur papier alors que Léon était actif dans la clandestinité. Il l'a terminée peu de temps seulement avant d'être capturé et de mourir aux mains de la Gestapo. Des marins — des hommes de la marine marchande qui étaient membres du SWP et qui agissaient souvent comme messagers internationaux — ont été capables de sauver une copie du manuscrit dans les derniers jours de la guerre. Pathfinder l'a traduite en anglais, l'a publiée sous le titre *The Jewish Question* et l'a réimprimée pendant des décennies.

Depuis 1928 quand le *Militant* a commencé à paraître — et depuis 1932 quand le prédécesseur de Pathfinder, Pioneer Publishers, a produit son premier titre — il y a toujours eu une étroite collaboration de travail entre le journal et la maison d'édition. Plusieurs des documents qui finissent par être publiés par Pathfinder paraissent d'abord dans les pages du *Militant*. Il ne pourrait en être autrement dans le cas d'une maison d'édition qui est toujours au milieu des luttes et cherche à y promouvoir une perspective de classe claire.

Depuis le début de la révolution cubaine par exemple, le *Militant* a été le principal périodique aux États-Unis à publier des documents et discours importants de dirigeants de la révolution cubaine. Ceux-ci étaient alors souvent rapidement reproduits en brochures par Pioneer Publishers et largement utilisés par les défenseurs actifs de la révolution cubaine aux États-Unis et au Canada. Plusieurs de ces derniers s'organisaient durant les premières années de la révolution dans le cadre du Comité fair-play pour Cuba.

À l'époque d'avant l'impression en offset, il était particulièrement important de pouvoir réutiliser les caractères de plomb fondus pour composer le journal : c'était de loin l'élément le plus coûteux du processus d'impression.

Des brochures comme *The Second Declaration of Havana* [La deuxième déclaration de La Havane] ont par exemple été publiées de cette façon la première fois. Il s'agit ici d'un autre titre que Pathfinder a continuellement réimprimé, dans ce cas depuis 1962. Demain, le 4 février, marquera en fait le trente-sixième anniversaire de cet appel à l'action lancé aux travailleurs et aux agriculteurs des Amériques. Nous l'utilisons toujours largement comme l'une des pièces de littérature les meilleures et les plus fondamentales en notre possession pour expliquer le caractère de la domination de l'impérialisme U.S. en Amérique latine, la résistance inévitable que celle-ci engendre et la place de la révolution cubaine dans cette résistance intransigeante.

Le plus récent exemple de ce genre de collaboration vient tout juste de sortir des presses au cours des derniers jours, en anglais et en espagnol. Il s'agit de *Celebrating the Homecoming of Ernesto Che Guevara's Reinforcement Brigade to Cuba / Celebración de la bienvenida a Cuba de la brigada de refuerzo de Ernesto Che Guevara* [Célébration du retour à Cuba de la brigade de renforcement d'Ernesto Che Guevara]. C'est un recueil d'articles parus dans le *Militant* l'an dernier, qui comprennent une série d'entrevues et de discours sur Che par ceux qui l'ont connu et ont travaillé avec lui en tant que dirigeant de la révolution cubaine. Plusieurs sont repris de diverses publications ici à Cuba. Ce recueil contient aussi un excellent article du dirigeant révolutionnaire algérien Ahmed Ben Bella, repris du *Monde diplomatique*.

Le format bulletin de ce titre rend possible la publication accélérée et relativement moins coûteuse de documents qui ne seraient autrement pas rapidement disponibles et faciles d'accès. Au fil des ans, plusieurs publications comme celle-ci sont finalement devenues des livres de Pathfinder.

Ce qui est nécessaire, pas ce qui est rentable

3. Le point de départ des éditions Pathfinder a toujours été ce qui est nécessaire à ceux qui luttent pour changer le monde, pas ce qui se vendra sur le marché. En d'autres mots, ce qui nous guide est l'opposé de ce qui guide n'importe quelle maison d'édition bourgeoise. De plus, avec des ressources limitées, nous avons toujours dû choisir avec soin quoi publier ou ne pas publier et avons souvent dû prendre des décisions douloureuses. Nous aurons une bonne année si nous publions quatre ou cinq nouveaux titres, bien qu'en 1997 nous avons été capables de sortir douze nouveaux titres, dont cinq en espagnol et quatre en français. C'est exceptionnel.

Nous avons pour politique, et c'est d'autant plus vrai pour les livres, de publier des documents qui ont une valeur durable, qui traitent — d'une manière qui est plus que conjoncturelle — de questions qui sont et qui demeureront centrales pour le mouvement ouvrier pendant des années.

Pour nous — et encore une fois c'est l'opposé de ce que fait toute entreprise capitaliste — ce qui est important, c'est ce que les éditeurs appellent leur « fonds ». Nous gardons en impression des titres qui contiennent des décennies de travail cristallisé — en perfectionnant et en améliorant leur présentation lorsque possible, mais en tout cas en les réimprimant. Ce fonds d'ouvrages disponibles nous donne un grand effet de levier, en permettant à un noyau relativement petit de cadres communistes d'avoir substantiellement plus de poids qu'il ne serait autrement possible.

Au cours de la seule dernière année, nous avons réimprimé 83 de nos titres alors que nous nous efforçons d'atteindre, avec de petits tirages et une livraison dite juste à temps ou en flux tendu, les normes capitalistes d'efficacité et de contrôle des inventaires. C'est un énorme défi que nous ne relevons pas toujours.

Quelques livres, comme *Lenin's Final Fight* [Le dernier combat de Lénine], publié pour la première fois l'an dernier en espagnol, sont en fait des titres que Pathfinder a publiés pendant 70 ans ou plus, dans divers recueils ou éditions.

En tout, les éditions Pathfinder ont un fonds de plus de 330 titres aujourd'hui. Quelque 280 sont en anglais, 31 en espagnol, 16 en français et un certain nombre en russe. Le travail effectué avec les partisans et les collaborateurs de Pathfinder dans d'autres pays a permis de publier plusieurs titres de Pathfinder en suédois, en persan, en grec et en islandais [2].

4. Évidemment, la plupart des livres que nous imprimons sont des ouvrages que personne d'autre n'est intéressé à publier parce qu'il n'y a aucune autre maison d'édition de langue anglaise qui partage les objectifs de Pathfinder.

C'est le cas par exemple de livres comme *Fighting Racism in World War II* [La lutte contre le racisme durant la deuxième guerre mondiale], qui raconte l'histoire de la lutte contre la ségrégation et la discrimination dans les forces armées U.S., les industries de guerre et ailleurs, même pendant que se déroulait la deuxième guerre mondiale. Ou de la magnifique série de livres que Pathfinder a publiée sur les documents des premières années de l'Internationale communiste. C'étaient des choses pour lesquelles nous n'avions aucune concurrence.

On peut dire la même chose de quelques-uns de nos livres qui sont aujourd'hui parmi ceux qui se vendent le mieux — les discours de Malcolm X. Malcolm a été l'un des plus remarquables dirigeants de la classe ouvrière aux États-Unis au vingtième siècle, un homme qui a été tué par ses ennemis précisément à cause de sa trajectoire révolutionnaire et internationaliste sans compromis et de son mépris pour tout ce qui n'était pas la vérité. À l'époque où Pathfinder a commencé à publier Malcolm — alors qu'il était toujours vivant — beaucoup dans la gauche aux États-Unis le

2. Entre le début de 1998 lorsque cette présentation a été faite et la fin de l'an 2000, les éditions Pathfinder ont publié 23 nouveaux titres en y incluant la revue *New International* — 13 en anglais, 6 en espagnol, 3 en français et 1 en suédois.

dénonçaient comme un raciste et même un fasciste. Fidel et Che, qui ont été chaleureusement reçus à Harlem par Malcolm, ont compris ses magnifiques capacités de direction de la même manière que nous l'avons fait.

Dans les mots des révolutionnaires

Les éditions Pathfinder essaient toujours de publier les livres de dirigeants révolutionnaires en les laissant parler pour eux-mêmes dans leurs propres mots. Je dirais que nous donnons la priorité à ce genre de livres plutôt qu'à des ouvrages écrits par d'autres à propos des grands dirigeants et événements révolutionnaires de notre époque. Les travailleurs et les jeunes animés d'un esprit révolutionnaire n'ont pas avant tout besoin d'interprètes, de commentateurs ou d'intermédiaires. Ils peuvent faire le travail de lire et d'étudier par eux-mêmes et peuvent à la longue comprendre de plus en plus ce qu'ils lisent, spécialement s'ils le discutent avec d'autres combattants. Ils développent leur confiance en sachant qu'ils peuvent lire Marx, ou Lénine, ou Malcolm, ou Che et travailler ensemble pour approfondir leur compréhension de ce dont parlent ces esprits avec qui ils ont des affinités.

La série « Speaks » [Parle] de Pathfinder en est une qui saisit bien cela : *Rosa Luxemburg Speaks, Leon Trotsky Speaks, Malcolm X Speaks, Che Guevara Speaks, Sandinistas Speak, Nelson Mandela Speaks, Thomas Sankara Speaks, Maurice Bishop Speaks, W. E. B. Du Bois Speaks, Eugene V. Debs Speaks.*

Voilà pourquoi nous publions des livres de discours et d'écrits de dirigeants de la révolution cubaine, d'Ernesto Che Guevara et de Fidel Castro en particulier. Pour laisser la révolution cubaine parler pour elle-même, par le biais de ses représentants les plus capables.

Et aujourd'hui, avec les écrits de Marx, Engels et Lénine — auparavant faciles à obtenir des maisons d'édition de l'Union soviétique — qui deviennent de plus en plus durs à trouver, nous prévoyons que Pathfinder devra aussi par nécessité faire face à la responsabilité de combler ce vide d'une manière ou d'une autre.

Porteurs de la culture

5. Au point où se croisent la politique et les questions plus larges de culture, le mouvement prolétarien mène une bataille constante contre la domination bourgeoise et la fuite abrutissante hors de la réalité. De Marx et Engels à Che et Fidel, les grands dirigeants prolétariens de notre époque ont toujours lutté pour permettre au peuple travailleur de s'approprier les plus grandes conquêtes culturelles faites au sein de la société de classe. Ils l'ont fait en sachant que ce sont les travailleurs et les agriculteurs qui seront non seulement les porteurs de ce qu'il y a de meilleur dans la culture bourgeoise au sein de la nouvelle société, mais qu'ils feront aussi partie de cette grande majorité d'êtres humains qui de plus en plus deviendront les créateurs confiants de la culture.

Pathfinder considère la publication d'ouvrages comme *Art and Revolution* [Art et révolution] de Léon Trotsky (avec sa polémique tranchante contre la politique du réalisme socialiste de la bureaucratie de Staline), *What is Surrealism?* [Qu'est-ce que le surréalisme ?] d'André Breton ct un de nos plus récents titres, *John Coltrane and the Jazz Revolution of the 1960s* [John Coltrane et la révolution des années 60 dans le jazz] de Frank Kofsky, comme étant une composante nécessaire de notre programme de publication. Ainsi que Malcolm X le disait avec insistance, en élargissant leur vision, les travailleurs deviennent des êtres politiques meilleurs et plus efficaces. Ça leur permet également de lutter avec plus de plaisir.

Pour la même raison, nous sommes fiers d'aider à distribuer internationalement *La Gaceta de Cuba,* publiée par l'Union des écrivains et artistes de Cuba, comme nous le faisons dans le cas de *Granma* et de *Cuba Socialista,* publiés par le Parti communiste de Cuba.

Pathfinder dépend du travail volontaire

6. Les éditions Pathfinder ne sont capables de maintenir ce genre de programme de publication que grâce au soutien généreux de travailleurs à l'esprit communiste à travers le monde. Ceux-ci subventionnent notre programme de publication parce qu'ils sont d'accord avec lui et ils font de réels sacrifices pour garder imprimées ces armes révolutionnaires. Pathfinder perd de l'argent sur chaque livre qu'il publie. Il n'y a jamais eu une année, ni même un trimestre, où la maison d'édition a couvert ses frais.

L'économie de publier des livres de qualité en petits tirages veut dire que, même avec de telles subventions, les livres des éditions Pathfinder sont chers pour les travailleurs. Pour cette raison, nous avons mis sur pied il y a quelques années le Club des lecteurs de Pathfinder pour rendre nos livres accessibles à plus de lecteurs. Pour 10 $ par année, n'importe qui peut adhérer au club et obtenir un rabais de 15 pour cent sur le prix de détail de tous les titres des éditions Pathfinder, dans toutes les librairies Pathfinder ou en les commandant directement. Et tout au long de l'année, nous offrons des rabais encore plus importants sur une sélection de titres.

Nous dépendons aussi du travail volontaire des partisans des éditions Pathfinder pour effectuer la traduction, la révision de copie, la correction d'épreuves, la numérisation optique, le formatage, la composition et la conception graphique des couvertures — dont certaines sont vraiment belles — et tout le travail qui consomme beaucoup de temps nécessaire pour produire et distribuer des documents imprimés.

En fait, nous venons d'entreprendre ce qui sera sûrement un de nos efforts les plus ambitieux, entièrement basé sur du travail volontaire. Quelque 200 partisans des éditions Pathfinder dans près d'une douzaine de pays à travers le monde préparent la conversion numérique de chacun des livres de Pathfinder. Chaque livre et brochure est scanné, corrigé, formaté et souvent indexé. Chaque couverture et cahier de photos est reconstruit en fichiers numériques. Grâce à cet effort énorme, qu'il faudra plusieurs années pour mener à bien, les éditions Pathfinder seront capables de continuer à profiter des progrès de la technologie d'impression dite de gravure directe des plaques. Nous serons capables d'imprimer de petits tirages, de les réimprimer fréquemment selon la demande et de continuer à préparer de nouvelles éditions améliorées en fonction de nos ressources.

Chaque titre sera prêt à être imprimé selon le besoin. Et nous serons aussi capables de développer un site web de Pathfinder pour rendre les fruits de cet effort accessibles partout dans le monde. Sans le travail volontaire de nos partisans autour du monde, rien de cela ne serait possible.

Des volontaires sont aussi en train de compléter la production d'une série de trois CD-ROM qui contiendront la collection complète de près de 65 ans de la revue de théorie et de politique marxistes *New International.* Il ne restait que quelques exemplaires de plusieurs des premières années de la revue et nous courrions le danger de perdre entièrement cette ressource irremplaçable. Elle sera maintenant encore une fois facilement accessible à de nouvelles générations de communistes aux États-Unis et ailleurs dans le monde.

7. La vente et la distribution des titres de Pathfinder dépendent également des efforts volontaires de partisans. Les ventes des éditions Pathfinder sont d'abord et avant tout des « ventes de rue » — des ventes effectuées par des jeunes et des travailleurs communistes à partir de tables pliantes régulièrement installées aux coins de rue des districts ouvriers, aux portes d'usine, sur les campus universitaires, près des écoles secondaires, lors d'événements politiques, partout où peuvent se rassembler des travailleurs et des jeunes susceptibles d'être attirés par la politique révolutionnaire.

Un réseau international de librairies Pathfinder dans sept pays constitue une autre source importante de ventes. Ces librairies sont aussi complètement animées par des volontaires — des travailleurs et des étudiants qui s'organisent pour les ouvrir le plus d'heures possibles par semaine.

Ces mêmes volontaires agissent aussi comme agents de vente : ils visitent des librairies commerciales régulières, des bibliothèques et des professeurs dans des dizaines et des dizaines de villes et discutent des livres avec les acheteurs et les enseignants. Ils obtiennent des commandes qui sont placées soit directement auprès de Pathfinder, soit auprès d'entreprises de distribution en gros qui achètent de Pathfinder et d'autres éditeurs.

À travers ce genre de travail volontaire — qui comprend la tenue de kiosques des éditions Pathfinder dans de nombreux salons du livre internationaux autour du monde : à

Moscou, Francfort, Téhéran, Göteborg, Guadalajara, Sydney ou La Havane — la portée de notre effort de publication est vraiment surprenante.

8. Un mot spécial sur notre littérature en espagnol. Nos publications en espagnol ont commencé de façon modeste dans les années 30, quand le mouvement communiste aux États-Unis a accru sa collaboration avec des combattants révolutionnaires au Mexique, à Porto Rico, à Cuba et en République dominicaine. Encore une fois, une part non négligeable de ce travail est attribuable aux efforts de communistes qui faisaient partie de la marine marchande et qui se rendaient fréquemment dans les principaux ports des Antilles.

La lutte des Chicanos donne une impulsion aux titres en espagnol

Mais la période moderne de publication en espagnol doit son élan à la nouvelle montée du mouvement chicano aux États-Unis à la fin des années 60. Cette montée faisait partie du soulèvement révolutionnaire en Amérique latine qui a suivi la victoire de 1959 à Cuba et la défaite de l'impérialisme U.S. à la baie des Cochons. La poussée du mouvement chicano résultait aussi de l'opposition de masse grandissante aux États-Unis à l'agression de Washington contre le peuple du Viêt-nam et de la détermination des jeunes Chicanos de faire tout ce qui était possible pour arrêter cette guerre — une guerre dans laquelle ils se faisaient conscrire pour se battre et mourir et qui était livrée contre un peuple pour lequel ils n'avaient qu'un respect grandissant. L'exemple puissant de la lutte pour la libération des Noirs et la vague qui s'en est suivie des luttes menées par les femmes contre leur oppression ont aussi donné un grand élan au mouvement chicano.

C'est à ce moment qu'est née *Perspectiva Mundial,* la publication soeur en espagnol du *Militant.* De même qu'avec le *Militant* auparavant, la collaboration entre *PM* et Pathfinder a été à l'origine d'un arsenal grandissant de livres et de brochures en espagnol.

Le premier livre des éditions Pathfinder en espagnol a été publié en 1981. Il s'agit de *Wall Street enjuicia al socialismo* [Wall Street met le socialisme en accusation] — la transcription officielle du procès et de la condamnation sous des accusations de subversion de l'entière direction centrale du SWP et de dirigeants du syndicat des Teamsters dans le Midwest à la veille même de la deuxième guerre mondiale (en fait, ils ont été condamnés à la prison le lendemain de Pearl Harbor). Publié en anglais sous le titre de *Socialism on Trial,* ce livre contient la déposition faite à la cour de James P. Cannon, un dirigeant fondateur du mouvement communiste aux États-Unis et du Parti socialiste des travailleurs. C'est un livre que nous avons utilisé en anglais et en espagnol depuis des décennies comme un document fondamental de formation et de propagande communistes. Il est semblable à cet égard au discours « L 'histoire m'acquittera » de Fidel devant la cour en 1953. Inutile de dire cependant qu'il n'a pas eu l'impact historique de ce dernier document. Mais ce jour viendra !

Avec l'augmentation majeure de l'immigration aux États-Unis en provenance de toute l'Amérique latine au cours des dernières décennies — une vague d'immigration qui est semblable par son ampleur et son poids historique à l'immigration en provenance de l'Europe à la fin du siècle dernier — le besoin pour un arsenal grandissant d'armes en espagnol s'est accru. Ce ne sont pas seulement Los Angeles, Houston et Miami qui sont aujourd'hui des centres métropolitains majeurs de langue espagnole. La composition de la classe ouvrière à l'intérieur des États-Unis a dramatiquement changé d'un océan à l'autre, même dans les petites villes et dans chaque industrie de base.

La classe ouvrière s'est trouvée renforcée par cet afflux de travailleurs en provenance de toute notre Amérique, qui ont chaque jour de plus en plus confiance dans leur capacité d'être des combattants d'avant-garde actifs dans les batailles de lutte de classe qui se déroulent aux États-Unis. On ne peut concevoir un parti communiste aux États-Unis aujourd'hui sans une forte composante de membres qui parlent espagnol parmi ses cadres dirigeants, des cadres qui reflètent la classe ouvrière telle qu'elle est et telle qu'elle est en train de devenir. On ne peut le concevoir non plus sans un fort programme de publication en espagnol.

Même si je ne prendrai pas le temps de développer ce point ici, il est important de noter que notre programme de publication en français, un produit de la collaboration entre les éditions Pathfinder et les communistes au Canada, est né de besoins semblables dictés par la lutte de classe en Amérique du Nord et la puissante nouvelle montée du mouvement pour l'indépendance du Québec à partir des années 60.

En plus de ses propres titres en espagnol, Pathfinder distribue aussi des dizaines de classiques du marxisme et beaucoup de titres importés de maisons d'éditions à Cuba. Cette année, pour la toute première fois, nous avons reçu une aide volontaire substantielle d'une équipe de camarades de l'Université de Matanzas à Cuba, dont les efforts ont rendu possible la publication de *La última lucha de Lenin*

[Le dernier combat de Lénine]. Cette édition comprend des traductions en espagnol corrigées et améliorées des derniers écrits de Lénine, qui ont toutes été comparées à l'original en russe par des camarades qui ont étudié pendant plusieurs années en Union soviétique.

9. À plusieurs reprises j'ai mentionné la revue *New International.* Comme un grand nombre de maisons d'édition associées au mouvement communiste, Pathfinder aide à promouvoir et distribuer une revue politique et théorique qui a son propre sceau. Editora Política par exemple, la maison d'édition du Comité central du Parti communiste de Cuba, aide à produire et distribuer *Cuba Socialista. New International,* ainsi que la revue que nous distribuons est maintenant connue (comme Pathfinder, elle a eu plusieurs noms au fil des décennies depuis qu'elle a commencé à paraître en 1934), est publiée en anglais et traduite dans trois autres langues — en espagnol, en français (sous le nom de *Nouvelle Internationale*) et en suédois. Elle joue un rôle indispensable dans notre arsenal général en se concentrant comme elle le fait sur les questions les plus importantes de la politique mondiale et en présentant une ligne communiste en pratique sur les questions brûlantes d'aujourd'hui.

Des normes rigoureuses et exigeantes

10. Avant de conclure en disant quelques mots sur notre travail de publication de titres qui font connaître la vérité sur la révolution cubaine, je veux aborder un autre point.

Pour nous, le soin avec lequel nous rédigeons et préparons chaque livre ou brochure que nous produisons est la plus importante mesure de nos efforts de publication. Nous considérons qu'il s'agit là d'une question de classe. Si elle doit se préparer à devenir la classe dirigeante, la classe ouvrière doit avoir accès à la vérité, à la culture et à une information précise et clairement présentée. Il faut rendre accessibles leur propre histoire et leur propre continuité aux nouvelles générations de combattants qui entrent en lutte. Ce sont des choses que Che a bien comprises et pour lesquelles il s'est aussi battu. La classe ouvrière doit apprendre à être exigeante dans les normes de qualité qu'elle exige pour toute chose. C'est une des sources de notre respect pour nous-mêmes et de notre confiance en nous. Ceux qui appartiennent à la classe qui produit tout savent mieux que n'importe qui d'autre quand un travail est fait avec soin et quand il est de mauvaise qualité et indigne de leurs efforts.

Une maison d'édition qui s'efforce avant tout de donner aux combattants révolutionnaires un accès à la lutte de classe mondiale, qu'ils doivent connaître et comprendre pour se transformer et transformer ce monde de manière efficace, une maison d'édition qui a un tel but doit maintenir les plus hautes normes de précision et d'exactitude.

Un nom mal écrit ; une date incorrecte ; une traduction erronée, confuse ou même maladroite ; une note en bas de page ou une légende inexacte (ou inexistante là où il en faut une pour le jeune lecteur qui est nouveau ou pour le travailleur ou l'agriculteur pour qui lire reste un défi) ; le manque de soin dans la présentation des illustrations, des cartes ou des autres aides au lecteur ; des couvertures qui sont laides ou qui manquent d'inspiration et de travail ; une impression qui est trop légère et illisible ; des caractères qui sont si petits qu'ils découragent le lecteur ; un livre qui est relié ou tranché avec négligence — toutes ces choses sont des défaillances qui nous font mal lorsqu'elles surviennent. Et il doit en être ainsi. De telles défaillances ne sont pas dignes de la classe ouvrière et de ses tâches historiques.

Aucune ne découle de problèmes créés par les limites en ressources matérielles dont nous souffrons tous d'une manière ou d'une autre. Ce sont des questions de formation politique, de discipline et de respect pour notre classe. Elles illustrent des habitudes prolétariennes, qui sont la source de la discipline.

En essence, ce sont les mêmes questions qui étaient au centre des délibérations et décisions du cinquième congrès du Parti communiste de Cuba lorsqu'il s'est réuni il y a quelques mois, en octobre 1997 : la révolution, la classe ouvrière, doit prouver qu'elle peut être *plus* efficace et produire avec une *plus grande* qualité que les capitalistes. Et elle le peut.

Soixante-dix titres sur la révolution cubaine

11. Des 351 livres, brochures et numéros de *New International* que Pathfinder a la responsabilité de publier et garder en impression, 70 sont directement liés à la révolution cubaine. Quatre pleines pages du catalogue de 1998 des éditions Pathfinder sont consacrées à des titres sur « La révolution cubaine dans la politique mondiale. » On y trouve tout : six recueils de discours du président cubain Fidel Castro, *Le socialisme et l'homme à Cuba, Women and the Cuban Revolution* [Les femmes et la révolution cubaine], *How Far We Slaves Have Come!* [Que de chemin, nous les esclaves, avons-nous parcouru !] de Fidel et Nelson Mandela, *Dynamics of the Cuban Revolution* [Dynamique de la révolution cubaine] du dirigeant aujourd'hui décédé du SWP Joseph Hansen — en plus des trois titres mentionnés en particulier hier par Iraida Aguirrechu de Editora Política qui ont été publiés au cours des dernières années en collaboration avec cette maison d'édition. *Bolivian Diary of Ernesto Che*

Guevara [Le journal de Bolivie d'Ernesto Che Guevara], *Episodes of the Cuban Revolutionary War* [Épisodes de la guerre révolutionnaire à Cuba] de Che, et *Pombo: A Man of Che's 'guerrilla'* [Pombo : un homme de la guérilla du Che] de Harry Villegas sont des livres qu'il n'aurait pas été possible de publier dans leur forme actuelle ou avec une telle qualité sans l'aide de Editora Política. Pour nous, une telle collaboration n'a pas de prix.

Le nombre significatif de titres publiés par Pathfinder qui visent à présenter la vérité sur la révolution cubaine est, je crois, une concrétisation éclatante de l'importance de la révolution cubaine dans le monde d'aujourd'hui et de son poids réel dans la lutte de classe internationale. Parce que Pathfinder n'a jamais cherché à être une maison d'édition de livres sur Cuba. Au contraire, nous avons toujours essayé de faire ressortir très nettement le fait que la révolution cubaine fait partie du monde et fait partie de l'histoire.

Publier des livres et des brochures sur la révolution cubaine n'est pas une question de solidarité ni, pour dire le moins, une entreprise commerciale rentable. Comme dans le cas de tout ce que nous publions, notre but est de produire les ouvrages dont les travailleurs, les agriculteurs et les jeunes animés d'un esprit révolutionnaire aux États-Unis ont besoin pour être plus efficaces. Et la révolution cubaine est aujourd'hui le seul exemple dans le monde d'une direction communiste qui a pris et gardé le pouvoir d'État et qui utilise ce levier, le plus important de tous, pour faire avancer la lutte internationale pour le socialisme, aussi bien à Cuba que dans le monde. Une direction qui lutte pour diriger la classe ouvrière le long de sa ligne de marche, pas pour l'étouffer ou s'y opposer.

La publication par les éditions Pathfinder de brochures et de livres sur la révolution cubaine a commencé dans les mois qui ont suivi la victoire révolutionnaire en 1959. Parmi les toutes premières brochures, il y a eu le discours sur la première réforme agraire et « The Revolution Must Be a School of Unfettered Thought » [La révolution doit être une école de pensée sans entrave], tous les deux de Fidel Castro. Une autre a été la brochure préparée par le reporter du *Militant* Harry Ring en 1961 à partir de ses visites à Cuba et intitulée *How Cuba Uprooted Race Discrimination* [Comment Cuba a déraciné la discrimination raciale]. C'est une brochure merveilleuse, évidemment réimprimée des pages du *Militant*. Je me souviens du profond impact qu'elle a eu sur moi lorsque je suis venue pour la première fois autour du mouvement communiste à ce moment — exactement quand les batailles de rue de masse pour abolir le système de ségrégation de Jim Crow aux États-Unis prenaient un tel élan. Elle a aidé à me recruter.

Un des titres les plus efficaces que nous avons publiés au cours des dernières années est un recueil intitulé *To Speak the Truth* [Pour dire la vérité]. Il comprend les trois discours prononcés par Fidel et par Che devant l'Assemblée générale des Nations unies — en 1960, 1964 et 1979 — en plus du discours de Che à la conférence sur le commerce parrainée par les Nations unies à Genève en 1964. Nous avons sous-titré ce recueil « Pourquoi la « guerre froide » de Washington contre Cuba ne s'arrête pas, » parce que plus qu'aucun autre de nos livres, les discours de Fidel et de Che devant les Nations unies expliquent les origines de la guerre des dirigeants U.S. contre la révolution cubaine et pourquoi ceux-ci ne pardonneront jamais aux travailleurs et aux paysans de Cuba d'avoir tracé leur propre cours indépendant.

Tous ces livres ont été vendus par milliers d'exemplaires à travers les États-Unis, autant à partir de tables dans les rues que par le biais des grandes librairies et chaînes commerciales. Ils ont été utilisés dans des cours et des cercles d'étude dans des dizaines de villes, grandes et petites. On les a apportés dans les usines et les mines dans des sacs à casse-croûte et des poches de manteau pour les montrer à des camarades de travail intéressés.

Le « Manifeste du parti communiste » est notre livre qui se vend le mieux

Je pense que la meilleure façon peut-être de saisir plusieurs choses à propos de la lutte de classe aux États-Unis aujourd'hui, et les opportunités qui existent pour les communistes, c'est de vous dire quels sont les titres de Pathfinder qui se vendent le mieux. Année après année, notre premier best-seller est le *Manifeste du parti communiste.* En deuxième viennent les livres de Malcolm X. Et en troisième se trouvent les livres de Che Guevara.

Ce palmarès en dit long !

Je pourrais ajouter que l'année passée, 1997, nos deux best-sellers ont été le *Manifeste du parti communiste* et *Pombo: A Man of Che's 'guerrilla'.* Et parmi les quinze premiers titres, six étaient liés à la révolution cubaine — dont *Bolivian Diary, Che Guevara Speaks, Episodes of the Cuban Revolutionary War* et la brochure d'entrevues avec le général Harry Villegas, *At the Side of Che Guevara* [Aux côtés de Che Guevara]. Six autres étaient des recueils de discours de Malcolm X ou des titres portant sur la lutte des Noirs aux États-Unis. Deux étaient des textes fondamentaux du mouvement communiste moderne — le *Manifeste du parti communiste* et *Socialisme utopique et scientifique.* Et le dernier titre du palmarès de nos quinze best-sellers était *The Truth about Yugoslavia: Why Working People Should Oppose Intervention* [La vérité sur la Yougoslavie : pourquoi les travailleurs doivent s'opposer à toute intervention], qui explique les racines de la guerre en cours dans ce pays et les intérêts de l'impérialisme là-bas.

Alors que nous faisons face à une nouvelle crise militaire au Moyen-Orient, cette liste changera quelque peu en 1998. J'ose prédire que *U.S. Hands Off the Mideast!* se déplacera une fois de plus vers les rangs des best-sellers et que l'exemple de la révolution cubaine sera mis en relief à partir d'un angle légèrement différent.

Encore une fois, pour les hommes et les femmes aux États-Unis qui s'opposent sans broncher à la campagne belliciste de Washington et de ses alliés, ce sera l'occasion d'aider à produire, accroître et vendre en nombre de plus en plus grand l'arsenal d'armes politiques dont les travailleurs du monde entier ont besoin — des publications qui disent la vérité sur l'impérialisme et la guerre et qui expliquent pourquoi les intérêts des travailleurs du monde sont irréconciliables avec ceux des classes exploiteuses.

Nous pouvons être sûrs d'une chose. La demande pour de tels livres va augmenter.

La crise politique de la classe dirigeante des États-Unis et la réponse des travailleurs

Le bilan anti-ouvrier des Clinton

Pourquoi Washington craint les travailleurs

Jack Barnes

Décrit le cours des démocrates comme des républicains, motivé par le profit, ainsi que le réveil politique des travailleurs qui cherchent à comprendre l'origine de ces attaques et comment y résister. 10 $ US. Aussi en anglais, espagnol et farsi.

Sont-ils riches parce qu'ils sont intelligents ?

Classe, privilège et apprentissage sous le capitalisme

Jack Barnes

Démonte les rationalisations des couches aisées des classes moyennes selon lesquelles leur intelligence et leur niveau d'éducation les autorisent à « réguler » la vie des travailleurs. Le livre inclut « Le capitalisme, la classe ouvrière et la transformation de l'apprentissage. » 10 $ US. Aussi en anglais, espagnol et farsi.

Une révolution socialiste est-elle possible aux États-Unis ?

Un débat nécessaire entre travailleurs

Mary-Alice Waters

Un « Oui » sans hésitation : voilà la réponse de Mary-Alice Waters. Possible, mais pas inévitable. Cela dépend de ce que font les travailleurs et les agriculteurs. 10 $ US. Aussi en anglais, espagnol et farsi.

De Pathfinder

Malcolm X, la libération des Noirs et la voie vers le pouvoir ouvrier
Jack Barnes

S'appuyant sur les leçons d'un siècle et demi de luttes, ce livre nous aide à comprendre pourquoi c'est la conquête révolutionnaire du pouvoir par la classe ouvrière qui rendra possible la bataille finale contre l'exploitation de classe et l'oppression raciste, et qui ouvrira la voie vers un monde basé sur la solidarité humaine. Un monde socialiste.
20 $ US. Aussi en anglais, espagnol, farsi, arabe et grec.

Rébellion Teamster
Farrell Dobbs

Les grèves de 1934 qui ont construit le mouvement des syndicats industriels à Minneapolis et contribué à l'essor du CIO en Amérique du Nord sont ici racontées par un de leurs dirigeants centraux. Le premier d'une série de quatre livres sur la direction de lutte de classe de ces grèves et des campagnes de syndicalisation qui a transformé le syndicat des Teamsters en un mouvement social de combat dans la plus grande partie du Midwest et montré la voie en avant vers l'action politique ouvrière indépendante.
10 $ US. Aussi en anglais, espagnol, farsi et grec.

Porto Rico : l'indépendance est une nécessité
Rafael Cancel Miranda

L'un des cinq nationalistes portoricains emprisonnés par Washington pendant plus de 25 ans parle de la réalité brutale de la domination coloniale américaine, de la campagne pour libérer les prisonniers politiques portoricains, de l'exemple de la révolution socialiste à Cuba et de la lutte continue pour l'indépendance.
6 $ US. En anglais, espagnol et farsi.

« Ce sont les pauvres qui sont confrontés à la sauvagerie du système de « justice » US »

Les Cinq Cubains parlent de leur vie au sein de la classe ouvrière aux États-Unis

Les flics, les tribunaux et les prisons aux États-Unis fonctionnent comme « une énorme machine à broyer les gens. » Cinq révolutionnaires cubains incarcérés aux États-Unis pendant 16 ans expliquent la dévastation humaine engendrée par la « justice » capitaliste. Ils expliquent en quoi Cuba socialiste est différente.
15 $ US. En anglais, espagnol et farsi.

Notre histoire s'écrit toujours

L'histoire de trois généraux cubains d'origine chinoise dans la révolution cubaine

« Quelle a été la mesure phare visant à mettre fin à la discrimination contre les Chinois et les Noirs à Cuba ? C'est la révolution socialiste elle-même. » Cette nouvelle édition illustre l'engagement de Cubains d'origine chinoise vis-à-vis du cours internationaliste de Cuba, y compris en Afrique et Amérique latine.
17 $ US. En anglais, espagnol, farsi et chinois.

L'émancipation des femmes et la lutte de libération de l'Afrique

Thomas Sankara

« Les femmes et les hommes de notre société sont tous victimes de l'oppression et de la domination impérialistes. C'est pourquoi ils mènent le même combat. La révolution et la libération de la femme vont de pair. Et ce n'est pas un acte de charité ou un élan d'humanisme que de parler de l'émancipation de la femme. C'est une nécessité fondamentale pour le triomphe de la révolution. »
8 $ US. Aussi en anglais, espagnol et farsi.

PATHFINDER DANS LE MONDE

Pour obtenir une liste complète de nos titres ou en commander, visitez

www.pathfinderpress.com

LES DISTRIBUTEURS DES ÉDITIONS PATHFINDER

ÉTATS-UNIS

(et Amérique latine, Antilles et Asie de l'Est)

Pathfinder Books, 306 W. 37th St., 13e étage
New York, NY 10018

CANADA

Pathfinder Books, 7107, rue St-Denis, suite 204
Montréal, QC H2S 2S5

ROYAUME-UNI

(et Europe, Afrique, Moyen-Orient et Asie du Sud)

Pathfinder Books, 2e étage, 83 Kingsland High St.
Dalston, Londres E8 2PB

AUSTRALIE

(et Asie du Sud-Est et Pacifique)

Pathfinder Books, Suite 22, 10 Bridge St.
Granville, NSW 2142

NOUVELLE-ZÉLANDE

Pathfinder Books, 188a Onehunga Mall Rd., Onehunga, Auckland 1061
Adresse postale : P.O. Box 13857, Auckland 1643

Adhérez au club des lecteurs de Pathfinder
et obtenez un rabais de
15 pour cent sur tous
les titres de Pathfinder
et de plus grands rabais sur les offres spéciales.
Contactez www.pathfinderpress.com
ou les distributeurs qui précèdent.